공감

함께 생각해보는 시간

공감

함께
생각해보는
시간

기획 · 제작 | 스튜디오 돌

솔바람

책머리에

옥상 텃밭에서 배우다

　새로 옮긴 작업실은 한강 체육공원 끝 쪽에 위치한 4층짜리 맨션 맨 위 층입니다. 예전 작업실과 달리 주택가라 음식점 등 가게가 없는 점은 다소 불편하지만 그래도 조용한 것이 마음에 듭니다. 무엇보다도 작업실 위가 바로 옥상이라는 점이 좋습니다.
　옥상에는 이사 오기 전에 살던 노인 내외가 가꾸던 스티로폼 상자 몇 개의 작은 텃밭이 있었습니다. 우리는 그것을 물려받았습니다. 거기에 욕심을 부려 3배쯤의 상자텃밭으로 늘였습니다.
　그리고 아욱, 상추, 오이, 호박, 가지, 고추, 들깨 등 따먹을 만한 채소도 심고 큼직한 고무함지박에 포도나무도 두 그루 심었습니다. 매일 아침 눈을 뜨면 올라가서 물 주는 것으로 하루 일과를 시작하고 날이 저물면 또 가서 작별인사를 합니다. 이쯤 되면 제 일상의 아주 큰 부분이 아닐 수 없겠지요.
　처음에는 씨를 뿌리고 언제쯤이나 싹이 트나 하고 고개를 디밀고 기다렸습니다. 물도 충분히 주었는데, 뭐가 잘못됐는지 싹 틀 기미가 보이지 않아 애를 태우며 시간을 보냈습니다. 그러던 어느 날, 잠시 다른 일에 팔려 있다가 올라가 보니 그 잠깐 사이에 싹이 터 있는 게 아니겠습니까?

　열매를 맺을 때도 마찬가지입니다. 이제나저제나 기다려도 안 열리다가 어느 날 보니 손톱만 하게 열려 있습니다. 그리고는 더 자라지도 않고 그대로 있는 듯해서 보는 이를 애태웁니다. 그런데 어느 날 보면 또 성큼 자라 있습니다. 신기한 건 싹이 틀 때나 열매를 맺을 때, 처음이 힘들지 어느 정도 자라면 그때부터는 하루가 다르게 쑥쑥 큰다는 것입니다.
　정말 하나하나가 참으로 경이로운 일이 아닐 수가 없습니다. 저는 그 속에서 너무나 당연한 세상의 이치를 배워 나갑니다.
　이 만화 〈공감〉은 바로 그러한 이치를 찾아 가려는 저의 여정입니다. 이 책을 보신 분 중에 한 분이라도 공감하는 이가 있다면 제 가는 길이 외롭지 않을 겁니다. 그리고 저는 용기를 얻어 조금 더 큰 이치를 찾아 계속 떠날 것입니다.

　작업실에서 동고동락하는 후배, 현도와 범수에게 고마움을 전합니다.
　자리를 펴 주신 솔바람 출판사에도 감사를 드립니다.

2010년 가을 문턱
망원동 작업실에서
강병호

차례 공감

달과 나그네 ★1
두 명의 수도승 · 10 | 호롱불 · 12 | 달과 나그네 · 14 | 건드릴수록 커지는 사과 · 16 |
신문 · 18 | 대화 · 20 | 세상의 끝 · 22 | 기도 · 24 | 풍선 · 26 | 끝이 없는 계단 · 28

쉽고도 어려운 일 ★2
이건 내 문제야 · 32 | 돌로 만든 꽃병 · 34 | 구름 · 36 | 말투 · 38 | 이상과 현실 · 40 |
쉽고도 어려운 일 · 42 | 그래프 · 44 | 앵무새와 덫 · 46 | 눈사람 · 48 | 보름달 · 50

달과 묵상 ★3
달과 묵상 · 54 | 숨 · 56 | 돌 · 58 | 비밀 · 60 | 무념 · 62 | 문 · 64 | 동심 · 66 |
점쟁이 · 68 | 증거 · 70 | 짐 · 72

도인과 다람쥐 ★4
집착 · 76 | 사랑이란? · 78 | 도인과 다람쥐 · 80 | 자아의식 · 82 | 감각과 규칙 · 84 |
작은 소망 · 86 | 어른과 아이 · 88 | 상담 · 90 | 두 개의 라이터 · 92 | 하늘보기 · 94

소년과 풍뎅이 ★5

도자기 · 98 | 마음의 고통 · 100 | 복권 · 102 | 이상적인 삶 · 104 | 경쟁 · 106 |
공부하는 이유 · 108 | 소년과 풍뎅이 · 110 | 행복의 가치 · 112 | 어리석은 새 · 114 |
사자의 청혼 · 116

갈까마귀 얘기 ★6

농부와 개 · 120 | 갈까마귀 얘기 · 122 | 늑대와 토끼 · 124 | 편지 · 126 | 설교 · 128 |
벼락부자 · 130 | 조타수와 기관사 · 132 | 사냥개와 집개 · 134 | 노력 · 136 |
전철 안의 두 사람 · 138

보름달과 도둑 ★7

낙서 · 142 | 여행 · 144 | 재미난 얘기 · 146 | 다람쥐와 참나무숲 · 148 |
낙엽을 보며 · 150 | 달팽이 이야기 · 152 | 물에 비친 얼굴 · 154 | 보름달과 도둑 · 156 |
골목길에서 · 158 | 천한 일과 천한 사람 · 160

깨달음 ★8

부처와 경전 · 164 | 초능력 · 166 | 개와 고양이 · 168 | 백정과 박서방 · 170 |
견해 차이 · 172 | 석공과 돌 · 174 | 피 · 176 | 색안경 · 178 | 자만심 · 180 | 깨달음 · 182

 달과 나그네*1

공 감

두 명의 수도승
호롱불
달과 나그네
건드릴수록 커지는 사과
신문
대화
세상의 끝
기도
풍선
끝이 없는 계단

두 명의 수도승

• 꿈속에서조차 휴식을 취하지 못하는 가련한 중생들이여.

# 호롱불

• 조금 아쉬울 때가 최상이거늘….

달과 나그네

• 이상은 높게 그러나 현실은 땅에!

# 건드릴수록 커지는 사과

- '시비' 란 녀석은 건드리면 건드릴수록 커지는 마법의 사과와 같다.

 신문

• 다 본 신문도 남이 보면 또 보고 싶어지는 이상한 사람의 심리.

 대화

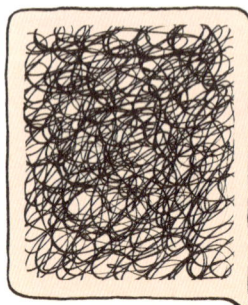  

• 문명에 대한 멋진 설명보다 현재의 자연을 지키는 것이 우선!

세상의 끝

• 시작과 끝, 결코 분리되어 있는 것이 아니다.

 기도

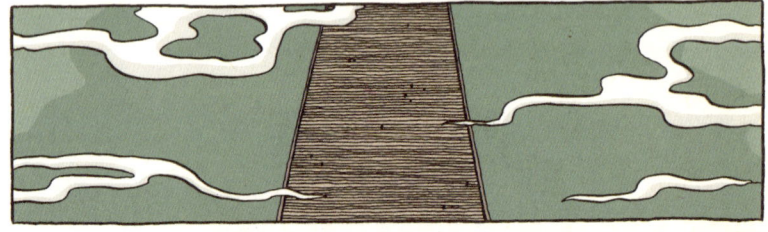

• 형식보다는 내용이 중요, 그대는 어떤가?

풍선

• 함께한다는 것은 우산을 씌워 주는 게 아니라 함께 비를 맞는 것.

 # 끝이 없는 계단

• 인생은 뫼비우스의 띠, 어느 곳에서 시작해도 제자리로 돌아가는.

 쉽고도 어려운 일*2

공감

이건 내 문제야
돌로 만든 꽃병
구름
말투
이상과 현실
쉽고도 어려운 일
그래프
앵무새와 덫
눈사람
보름달

이건 내 문제야

- 상대방의 입장을 이해하지 못하면 제대로 된 배려가 아니다.

 # 돌로 만든 꽃병

돌로 만든 꽃병 팝니다

• 주객이 전도되어 살고 있는 우리네 인생.

 구름

• 사는 것이 고해, 그래도 잠시 하늘을 보자.

# 말투

• 어쩌면 당신 생각과 전혀 다른 곳에 답이 있을 수도….

 # 이상과 현실

• 이상을 잃지 않되 현실이 항상 우선!

 # 쉽고도 어려운 일

• 중요한 건 말이 아니라 행동!

그래프

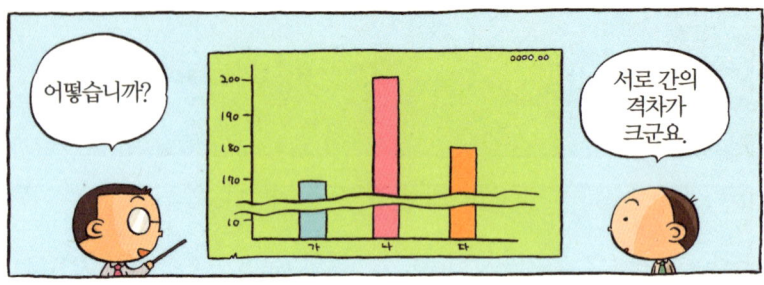

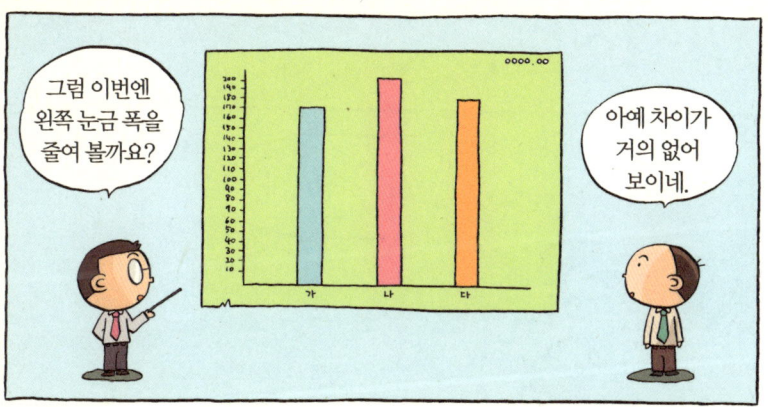

• 모든 것은 상대적, 그런데도 내가 잘났다고 우길 건가?

앵무새와 덫

• 머리로 이해한 지식은 아직 내 것이 아니다. 완전히 체화될 때까지는 시간이 필요!

 눈사람

• 어쩌면 보이는 모든 게 허상일지도 모른다. 굳건해 보이던 눈사람이 녹아버리는 것처럼.

MONEY 보름달

• 부처의 눈으로 보면 모든 게 부처로 보이고, 돼지의 눈으로 보면 모든 게 다 먹을 것으로 보인다.

 달과 묵상*3

공감

달과 묵상
숨
돌
비밀
무념
문
동심
점쟁이
증거
짐

 # 달과 묵상

• 지금 내가 하고 있는 행동이 본질에서 벗어난 엉뚱한 짓은 아닐까?

- 어떤 것은 내가 사고하는 틀에서는 전혀 이해할 수 없는 다른 차원의 것일 수도 있다.

• 남을 배려하는 마음이 결국은 자신을 위한 것이다.

비밀

- 모든 것이 인생의 비밀이고 해답인 것을, 우리는 특별한 것만을 찾아 헤매고 있지는 않은가.

 무념

• 마주앉아 얘기를 하는 것 같아도 사실은 서로가 상대방 얘기는 듣지 않고 자기 얘기만 하고 있으니….

• 진리는 결코 먼 곳에 있는 게 아닌데, 우리는 진리를 찾아 너무 먼 곳을 돌아온 건 아닐까?

 동심

• 자기중심이 잡히지 않은 사람은 자신의 느낌보다 남의 눈을 더 의식한다.

점쟁이

- 우리가 하고 있는 모든 행위가 운명이다. 그러니 운명 때문에 위축될 필요는 없다.

증거

• 장수의 비결을 물었더니 '오래 사는 것'이라고?

 집

• 신세를 질 때는 편하게 모든 걸 내맡겨라. 어설프게 미안해하는 건 누구에게도 도움이 안 된다.

도인과 다람쥐*4

공감

집착
사랑이란?
도인과 다람쥐
자아의식
감각과 규칙
작은 소망
어른과 아이
상담
두 개의 라이터
하늘보기

집착

집착을 버려라. 내가 만든 것이라지만 이게 어찌 되건 집착하지 않겠노라.

• 인간의 욕망 때문에 집착을 버리기는 참으로 어렵구나.

사랑이란?

• 사랑한다고 하면서, 어쩌면 상대방의 마음을 조금도 헤아리지 못하고 있는 건 아닌지….

도인과 다람쥐

• 집착, 자비라는 그 말 자체를 잊었을 때가 진정으로 집착을 버린, 자비로운 상태다.

자아의식

'자아의식'이란 무엇인가?

그건 그저 한낱 환상에 불과한 것.

오, 불확실성의 고뇌여!

• why, what보다 우선해야 할 것은 존재 그 자체다.

 # 감각과 규칙

• 자신의 이론을 정당화하기 위해 타인의 이론이나 방법을 무시하고 있지는 않은가?

작은 소망

이 사람아.

그게 그렇게 쉬운 일같으면 내가 왜 이곳에서 이 고생을 하며 살고 있겠나!

• 가장 평범하게 살다 가는 인생이 가장 위대한 삶이 아닐까?

# 어른과 아이

• 아이들은 쉽게 다투기도 하지만 그만큼 화해도 빠르다. 어른과의 차이점이다.

• 가진 게 많을수록 사는 게 복잡한 법, 그런데도 우리는 못 가져서 안달이다.

두 개의 라이터

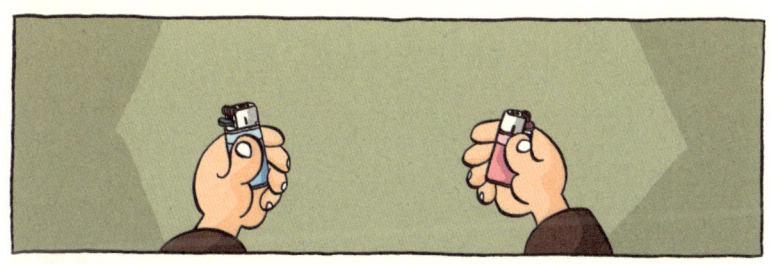

• 쓸모없다고 생각하는 것도 서로 부족한 점을 채워 주면 새롭게 생명을 얻게 된다.

하늘보기

혹시 여러분들도 바쁜 일상 속에서 하늘을 잊어버린 건 아닌지요?

• 고단한 일상, 그래도 한 번쯤은 눈을 들어 하늘을 바라봄이 어떨까.

 소년과 풍뎅이*5

공감

도자기
마음의 고통
복권
이상적인 삶
경쟁
공부하는 이유
소년과 풍뎅이
행복의 가치
어리석은 새
사자의 청혼

도자기

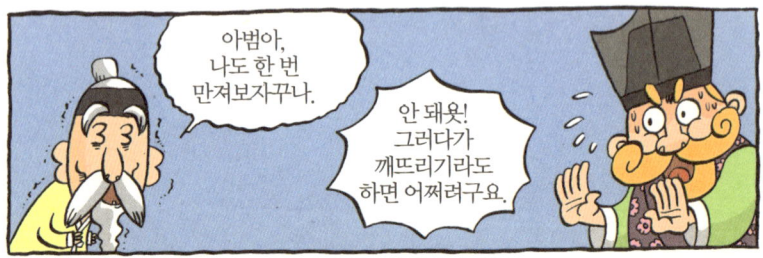

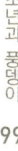

• 소유하면 소유할수록 걱정이 는다.

# 마음의 고통

• 태어나는 그 순간부터 고통으로부터 벗어날 수 있는 방법은 없다.

복권

• 위로 받는 방법 하나, 자신보다 더 불행한 사람을 만났을 때.

이상적인 삶

이상적인 삶을 살고 싶다.

꼭 이상적인 삶을 살아봐야 해.

팔랑~

• 삶의 근원을 캐는 것도 중요하지만 우선은 현실을 딛고 생존하는 것.

경쟁

• 모든 일의 발단은 비교하고 경쟁하면서부터 시작되는 법.

공부하는 이유

• 행복이 무얼까, 진정으로 고민해 보았는지….

# 소년과 풍뎅이

• 어리석은 사람은 자신을 기준으로 세상을 이해하려 들고, 더 어리석은 사람은 타인을 기준으로 세상을 이해한다.

행복의 가치

• 깨달았을 때는 항상 늦는다. 이 말이 인생의 아이러니이자 진리가 아닐까?

어리석은 새

• 소 잃고 외양간 고치지 말고 미리 준비하자.

 # 사자의 청혼

• 사람들에게 대우받는다면 내가 가진 그 무엇 때문인지, 아니면 본질 때문인지 알아야 한다.

갈까마귀 얘기*6

공감

농부와 개
갈까마귀 얘기
늑대와 토끼
편지
설교
벼락부자
조타수와 기관사
사냥개와 집개
노력
전철 안의 두 사람

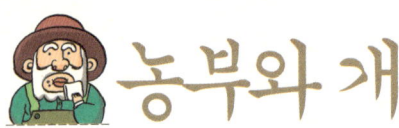# 농부와 개

• 하나를 보면 열을 안다. 그런데도 열까지 가봐야 아는 사람은 뭘까?

갈까마귀 얘기

• 네 주제를 알라!

늑대와 토끼

• 남의 권세를 빌려 위세를 부린다는 뜻으로 호가호위狐假虎威라는 말이 있다.

 편지

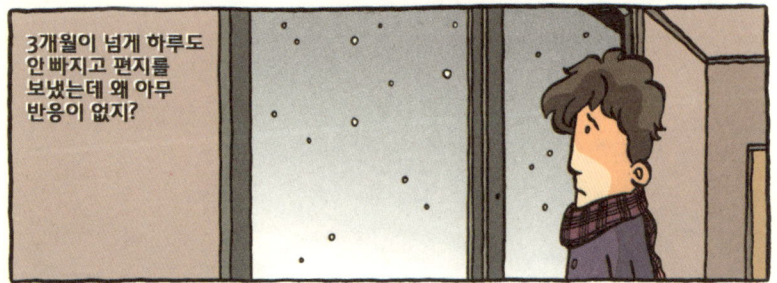

- 모든 게 나의 의도대로 이뤄지는 게 가능할까? 그렇지 않다는 걸 안다면 집착도 적어질텐데.

설교

• 우선은 살려 놓고 봐야 예도 있고 정의도 있는 법!

벼락부자

• 생각으로는 하루에 만리장성도 쌓고 부수고, 못할 일이 없다. 하지만 현실은….

# 조타수와 기관사

• 사람마다 할 수 있는 일도 다르고 역할도 다르다. 자신의 일에 충실한 것이 최선!

사냥개와 집개

• 내 손을 떠나는 순간부터 내 것이 아니거늘 왜 아쉬워하나?

# 노력

• 좋은 말은 세상에 널렸다. 중요한 건 실천이다.

 # 전철 안의 두 사람

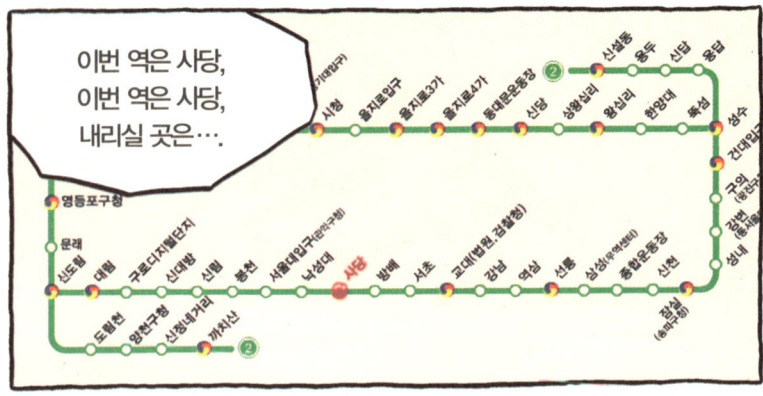

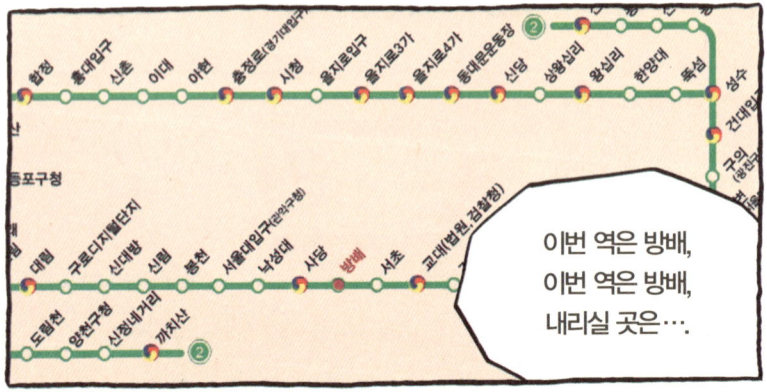

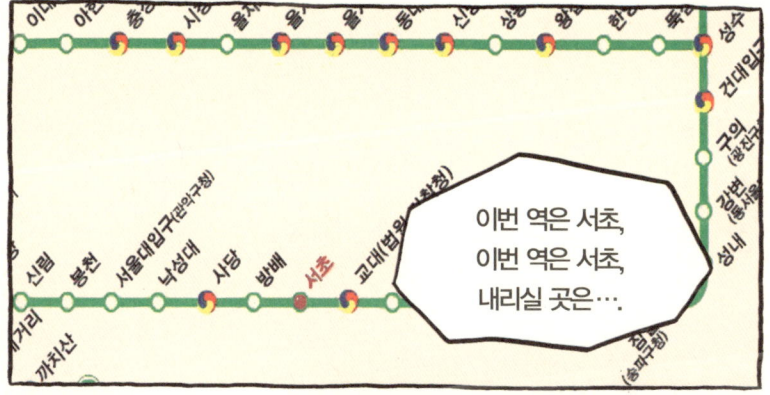

• 같은 결과도 마음먹기에 따라 다르다. 기왕이면 느긋하게 받아들이자.

 보름달과 도둑*7

공감

낙서
여행
재미난 얘기
다람쥐와 참나무숲
낙엽을 보며
달팽이 이야기
물에 비친 얼굴
보름달과 도둑
골목길에서
천한 일과 천한 사람

 낙서

• 뿌린 대로 거두니, 뿌릴 때 신중하게!

여행

짐을 다 싼 소년이
여행길에 올랐습니다.

'저 모퉁이를 지나면
무엇이 나올까?'

'저 언덕 너머엔 어떤
세상이 있을까?'

• 아는 만큼 모르는 것도 늘어나는 법이다.

# 재미난 얘기

• 거울 탓하지 마라. 그게 당신의 얼굴이다.

다람쥐와 참나무숲

다람쥐는 먹고 남은 도토리를 땅에 묻어두는 습성이 있답니다.

• 세상의 큰 흐름은 의도한 것보다는 의도하지 않은 것에 의해 좌우된다.

낙엽을 보며

• 같은 사물도 누가 보느냐, 어떤 느낌으로 보느냐에 따라 달라진다.

달팽이 이야기

집을 메고 다니는 달팽이

따로 돌아갈 집이 없다.

어느날 집을 깜박 두고 나간 달팽이.

- 늘 함께하면 소중함을 모르지만 멀리 있을 때 비로소 소중함을 안다.

 # 물에 비친 얼굴

• 먼저 웃자. 그리고 어떤 결과가 오더라도 거기에 연연하지 말자.

보름달과 도둑

• 모두를 다 만족시킬 수 있는 게 세상에 어디 있으랴!

골목길에서

- 외향을 보고 판단하다 보면 실수가 많을 수밖에 없다. 본질을 보자.

 천한 일과 천한 사람

• 어떤 일을 하느냐 보다는 어떤 마음가짐으로 그 일을 하느냐가 중요하다.

 깨달음*8

공감

부처와 경전
초능력
개와 고양이
백정과 박서방
견해 차이
석공과 돌
피
색안경
자만심
깨달음

부처와 경전

• 자신보다 자신의 감정이 전이된 물체를 더 소중하게 여긴다면 당신은 바보!

초능력

- 아무리 능력이 뛰어나도 그걸 조절하는 힘을 갖추지 않으면 무얼 하랴.

 개와 고양이

- 어쩌면 우리도 우리의 입장에서 다른 생명체들을 비웃고 있는 건 아닐까?

백정과 박서방

- 말 한 마디로 천 냥 빚을 갚는다. 돈 안 드는 말인데 왜 그리 인색한가?

견해 차이

• 긍정적인 자세와 부정적인 자세, 당신은 어느 쪽인가?

# 석공과 돌

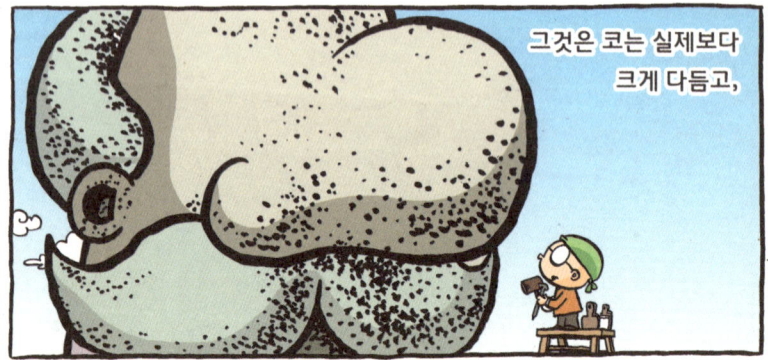

• 상태와 특성을 제대로 알아야 일을 바르게 진행시킬 수 있다. 부처님도 사람에 따라 설법을 달리하셨다.

 피

• 본질을 잊으면 현상에 매달리게 된다. 그건 어리석음으로 가는 지름길이다.

색안경

• 도(깨달음)에 대한 욕심마저도 버려야 진정으로 깨달음에 이르지 않겠는가.

# 자만심

나는 행복해요.

아무것도 갖고 있지 않으니까요.

그렇다면 버려.

아무것도 갖고 있지 않은데 뭘 버려요?

• 우리는 자꾸 말에 매달린다. 무소유란 말도 그 말을 잊어야 진정한 무소유가 아닌가?

깨달음

• 어쩌면 깨달음에 대한 관심보다 자랑하고 싶은 마음이 앞서는 건 아닐까?

초판 1쇄 발행 | 2010년 9월 15일
기획·제작 | 스튜디오 돌
펴낸이 | 이동출
펴낸곳 | 도서출판 솔바람
등록 | 1989년 7월 4일(제5-191호)
주소 | 서울특별시 종로구 수송동 58번지 두산위브 파빌리온 1213호
전화 | (02)720-0824 전송 | (02)722-8760 이메일 | sulpub@hananet.net
편집장 김용란 | 편집 오수영 | 디자인 손미영 | 마케팅 박기석
ⓒ 강병호, 2010

값 12,000원
ISBN 978-89-85760-80-5 07220

• 잘못된 책은 바꾸어 드립니다.